RÉCUP' Tissus

RÉCUP' Tissus

Créations de charme pour la maison

Christina Strutt

MANGO PRATIQUE

Illustration : Kate Simunek
Photographies : Edina van der Wyck
Traduction : Agnès Espenan
Mise en pages : Studio Michel Pluvinage

© 2003 Cico Books pour l'édition anglaise
© 2004 Mango Pratique pour l'édition française
Dépôt légal : novembre 2003

Imprimé à Thaïlande

sommaire

POUR UN INTÉRIEUR DE CHARME 8

frise d'étagère 10
housse de chaise 14
rideaux d'été 18
« jupe » de lavabo 20
coussin cœur 22
couvercles perlés 26
boîtes de rangement 28
panier à volants 32
cartes de vœux 36
coussins douillets 38
pense-bête 40
tapis pour « lui » 42
plateau pour « lui » 43
oreiller fleuri 44
housse de couette 46
couverture en patch' 50
jupes fleuries 52
sachets parfumés 54
sac « à tout » 56
ourson écossais 60
jupe cocooning 62
rideaux de cuisine 64
roses en tissu 66

POUR UN JARDIN DE CHARME 68

tablier de jardinier 70
carnet de charme 74
serviettes champêtres 78
panier de pique-nique 80
tente Robinson 84
chaises longues fleuries 86
couverture maline 90

CARNET D'IDÉES 94
ÉCHANTILLONS ET CROQUIS 95
REMERCIEMENTS 96

J'ai toujours gardé précieusement mes chutes de tissu, collecté au fil des années les boutons, dentelles et rubans des vieux vêtements de la famille, fouiné dans les brocantes et les vide-grenier pour découvrir les tissus, toiles et cotonnades dont plus personne ne voulait…

À partir de ces trésors accumulés, j'aime imaginer et confectionner des petits objets hors du commun et totalement personnels. Il est très facile et satisfaisant de créer, à partir de tissus et de textiles récupérés, des accessoires de décoration qui trouveront leur place dans l'intérieur de chacun.

Chaque projet, du petit sachet de lavande au coussin douillet, en passant par les délicats rideaux de mousseline ou encore le carnet en tissu, est expliqué simplement. Il ne demande pas de compétence ni de matériel particulier. Tout peut être cousu à la main ! Feuilletez, inspirez-vous de ce livre pour vous amuser et créer votre propre décor.

POUR UN INTÉRIEUR DE CHARME

Des petits sachets de lavande aux coussins douillets, en passant par de délicats rideaux de mousseline, ce chapitre propose une multitude d'idées simples mais élégantes pour toutes les pièces de la maison. À la fois pratiques et décoratifs, ces projets sont réalisés à partir de chutes de tissus que vous aurez récupérées au fils du temps et des brocantes.

POUR UN INTÉRIEUR DE CHARME

frise d'étagère

Une simple frise peut rapidement transformer une étagère en un élément de décoration. Ici, nous avons utilisé un morceau de tissu à carreaux dont le rendu est toujours parfait, où que vous l'utilisiez. Vous pouvez également la réaliser en papier. Le papier peint est particulièrement approprié à ce type de projet, car vous pouvez couper de grandes longueurs dans un seul rouleau, à condition bien sûr que le motif puisse s'utiliser à la fois horizontalement et verticalement.

MATÉRIEL

Du tissu, de la longueur de votre étagère et d'environ 10 cm de large
Du ruban de coton d'1 cm de large pour la finition
Une petite longueur de ruban Velcro d'environ 2 cm de large
Colle à bois
Du papier pour patrons
Une machine à coudre
Une aiguille et du fil
Des épingles
Un crayon

1 Mesurez votre étagère et découpez un morceau de papier assez large pour préparer le patron de votre bordure. Pour ce modèle, la bordure suit un motif en demi-cercles qui peut être facilement obtenu en dessinant autour d'un plat à gâteaux. Pour que les demi-cercles tombent juste, pliez votre patron en accordéon, dessinez un demi-cercle sur le premier segment. Découpez ensuite tous les autres plis sur le modèle du premier, les demi-cercles seront ainsi répartis de façon équilibrée tout le long de l'étagère.

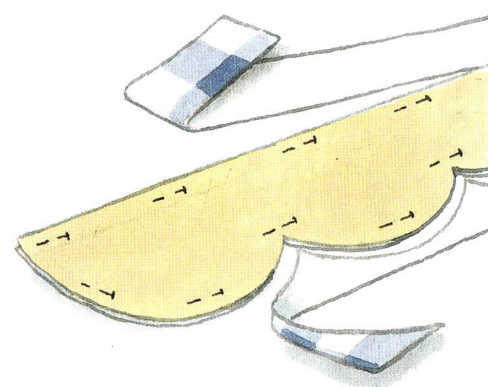

2 Dépliez le papier et épinglez-le sur le tissu. Découpez le tissu en suivant le patron.

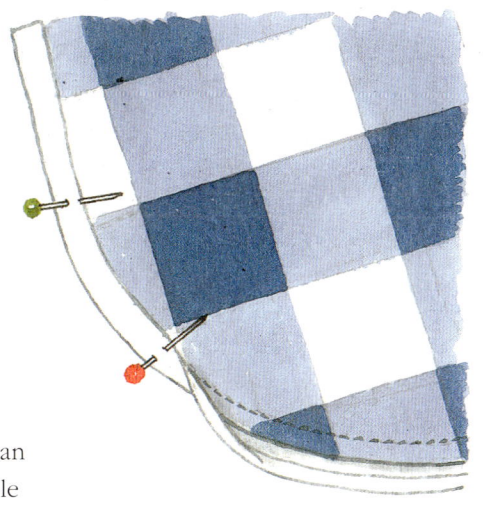

3 Sur l'endroit de la bordure, épinglez le ruban de coton le long des demi-cercles. Cousez le ruban à environ 5 mm en enlevant les épingles au fur et à mesure. Repliez ensuite le ruban sur l'envers, épinglez-le et cousez-le.

4 Cousez des morceaux de Velcro de 3 cm sur le tissu, et collez la partie opposée sur votre étagère, en prenant soin d'aligner correctement les deux parties. Répétez cette opération sur toute la longueur du tissu, en laissant des intervalles de 50 cm environ. Cela vous permettra de décrocher facilement le tissu pour le laver.

housse de chaise

Ces housses élégantes sont un moyen simple
et rapide de redonner vie à des chaises usagées
ou dépareillées. Utilisez des toiles de coton, qui sont
à la fois solides et faciles à nettoyer, ou de vieux draps de lin,
comme nous l'avons fait. Facile à dénicher dans les brocantes,
la toile de lin est idéale pour donner un côté rustique
à votre intérieur.

Matériel

Du coton ou du lin

25 cm de tissu assorti ou 180 cm de ruban de 2,5 cm de large pour les rubans

Une machine à coudre

Une aiguille et du fil

Des épingles

1 Mesurez votre chaise d'avant en arrière : commencez par les pieds arrière, puis recouvrez le dossier, l'assise et enfin les pieds avant. Prenez ensuite une deuxième mesure en partant des côtés, des pieds gauches aux pieds droits en passant par l'assise. Coupez un morceau de tissu correspondant à chaque mesure, en ajoutant 2,5 cm sur tous les côtés pour les ourlets.

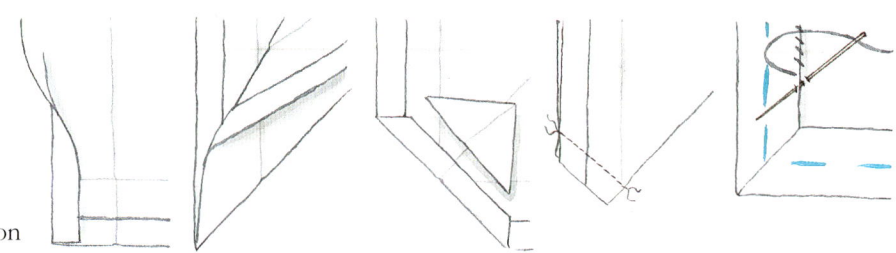

2 Pour la finition des coins, pliez les ourlets deux fois et appuyez fortement pour marquer le pli. Dépliez et rabattez un coin sur le bord opposé, en formant un triangle rectangle, et appuyez à nouveau. Relâchez et pliez à nouveau, cette fois en diagonale, et en faisant en sorte que les bordures et les plis coïncident. Appuyez encore. Dépliez, coupez le coin et pliez les ourlets. Épinglez ou faufilez-les, puis faites les ourlets à la main.

3 Pour les attaches, préparez 16 morceaux de tissu de 30 x 6 cm, pliez chacun des morceaux en deux sur la longueur et cousez les bords, exceptée une des largeurs. Retournez le tissu (coutures à l'intérieur) et cousez le dernier côté. Si vous utilisez du ruban, il vous suffit de couper des longueurs de 30 cm.

4 Placez les deux morceaux de tissu sur la chaise et épinglez-les aux endroits où vous allez placer les attaches. Marquez l'emplacement de chaque paire d'attaches avec la craie. Épinglez toutes les attaches, en vous assurant que chacune d'elles coïncide bien avec celle qui lui est associée, et cousez-les solidement.

rideaux d'été

Ce léger voilage est parfait pour laisser passer les premiers rayons de soleil du matin. Ce rideau est confectionné dans une simple mousseline de coton imprimée de roses. Les attaches sont faites avec du ruban de coton, mais vous pouvez également les réaliser avec le même tissu que le rideau.

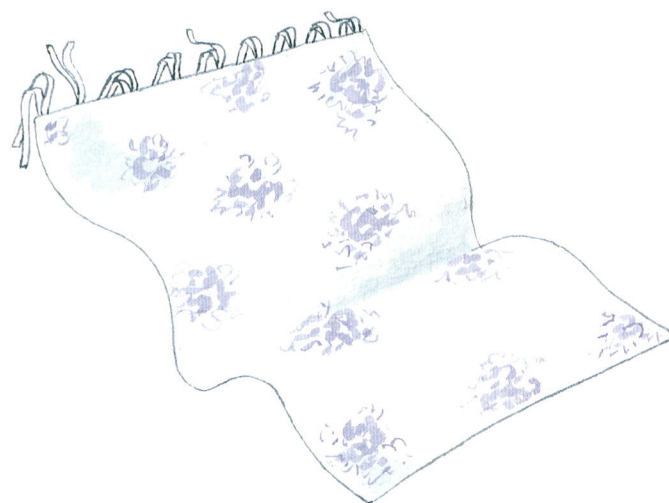

MATÉRIEL

Du voilage de coton
Du ruban de coton d'1 cm de large
Une machine à coudre
Une aiguille et du fil
Des épingles

1 Pour déterminer la quantité de tissu dont vous aurez besoin, mesurez tout d'abord la hauteur entre le haut de votre tringle à rideaux et le sol et ajoutez 5 cm pour l'ourlet. Mesurez ensuite la largeur de votre fenêtre et multipliez-la par 1,5. Coupez le tissu en suivant ces mesures. Ourlez le haut du rideau et les deux côtés.

2 Coupez un morceau de ruban de la largeur du rideau ainsi qu'une vingtaine de morceaux de 25 cm de long pour les attaches. Placez l'envers du rideau face à vous et épinglez les rubans par deux sur le haut du rideau, en laissant un espace de 10 cm entre deux paires d'attaches. Posez ensuite la grande longueur de ruban par-dessus et épinglez pour maintenir le tout en place.

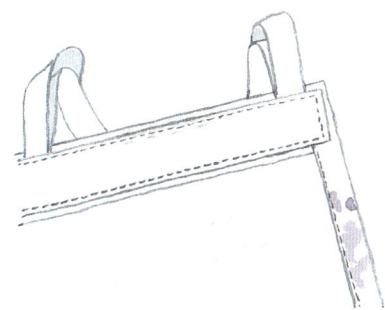

3 Utilisez la machine pour coudre le ruban sur toute la largeur, ainsi que les attaches. Ourlez le bas du rideau.

4 Attachez le rideau sur la tringle en nouant soigneusement les rubans et en prenant soin de faire le premier nœud entre le support et l'extrémité de la tringle.

« jupe » de lavabo

Habillez votre lavabo et offrez-vous un espace de rangement supplémentaire pour les affaires de toilette grâce à cette jolie « jupe » facile à réaliser. Pour compléter votre décoration, vous pouvez également réaliser des rideaux coordonnés ou border vos serviettes de toilette avec le même imprimé.

Matériel

Du coton imprimé
Du ruban élastique de 2 cm de large
20 à 25 cm de bande Velcro découpée en morceaux de 2,5 cm
De la colle universelle
Une machine à coudre
Une aiguille et du fil
Des épingles
Deux épingles de sûreté

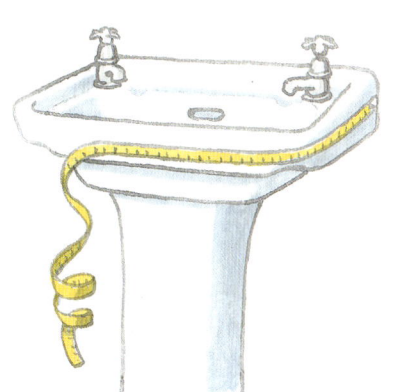

1 Mesurez le tour de votre lavabo. Mesurez ensuite la hauteur du lavabo, en ajoutant 5 cm en haut et en bas. Coupez un morceau de tissu en suivant ces mesures.

2 Sur les côtés, faites un double ourlet d'1 cm de large, épinglez et cousez-le. Ourlez le bas de la jupe de la même façon.

3 Pliez le haut du tissu d'1 cm, puis repliez-le de 2,5 cm, de façon à créer une fente dans laquelle vous ferez passer l'élastique. Attachez une épingle de sûreté à chaque extrémité de l'élastique, passez celui-ci dans la fente et froncez légèrement le tissu. Cousez solidement l'élastique de chaque côté.

4 Cousez les morceaux de Velcro sur le haut de la jupe. Alignez-les parfaitement et collez le côté opposé au lavabo.

coussin cœur

Cet adorable petit coussin en forme de cœur peut trouver sa place partout dans la maison. Présenté ici sur un fauteuil peint de façon à être assorti au tissu, il peut aussi bien s'accorder à un canapé ou à un couvre-lit en coton gaufré.

POUR UN INTÉRIEUR DE CHARME

MATÉRIEL

Du tissu de 36 x 76 cm pour la housse du coussin

Du tissu de 33 x 71 cm pour la doublure

Du rembourrage synthétique

Des boutons-pression

Du papier pour patron

Une machine à coudre

Une aiguille et du fil

Un crayon

Des épingles

1 Pour réaliser le patron du coussin, pliez une feuille de papier en deux et dessinez une moitié de cœur le long de la pliure. Découpez soigneusement le long de votre tracé, puis dépliez pour obtenir un cœur. Épinglez le patron sur le tissu de doublure et dessinez les contours avec un crayon. Découpez deux pièces de tissu identiques, en laissant une marge de 2 cm au-delà du trait.

2 Épinglez et cousez les deux parties ensemble en suivant le trait et en prenant soin de laisser une ouverture de 10 cm sur l'un des côtés. Retournez le coussin pour que les coutures soient à l'intérieur, remplissez-le avec le rembourrage et fermez l'ouverture.

3 Découpez une pièce de tissu pour l'avant du coussin en utilisant le cœur entier. Repliez le patron et découpez deux demi-cœurs pour l'arrière du coussin, en prenant soin de prévoir une marge de 2,5 cm au-delà de la ligne médiane. Marquez la ligne médiane sur chacune des deux pièces.

4 Sur l'envers des deux pièces arrière, faites un double ourlet d'1 cm de large du côté de la ligne médiane. Posez les pièces arrière sur l'avant, bord à bord et endroit contre endroit, et cousez les trois parties ensemble à 1 cm du bord. Retournez la housse du bon côté, cousez les boutons-pression le long de la ligne médiane, insérez le coussin dans la housse et fermez.

POUR UN INTÉRIEUR DE CHARME

couvercles perlés

Une rangée de ces jolis petits couvercles ajoutera de la couleur à votre cuisine. Comme il ne nécessite que peu de tissu, ce projet est un moyen idéal pour recycler toutes les chutes qu'il vous reste.

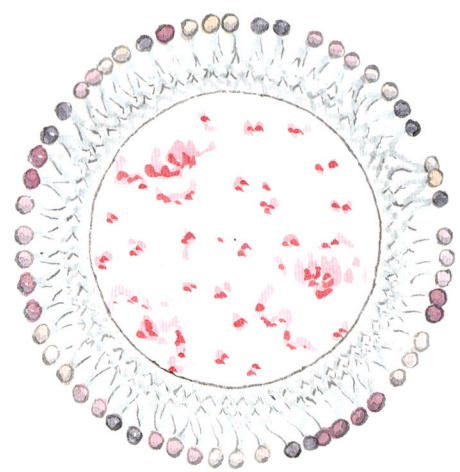

MATÉRIEL

Des chutes de tissus imprimés
Quelques longueurs de dentelle
Des perles ou des petits boutons
Une aiguille et du fil
Des épingles
Un crayon

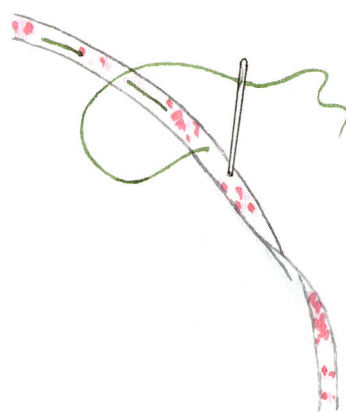

1 Prenez une assiette ou une soucoupe ayant un diamètre supérieur de 7,5 à 10 cm à celui du pot que vous voulez couvrir. Placez-la sur l'envers de votre tissu et tracez le contour. Découpez le cercle obtenu, ainsi qu'une longueur de dentelle assez longue pour entourer le cercle.

2 Faites un double ourlet de 5 mm de large sur toute la circonférence.

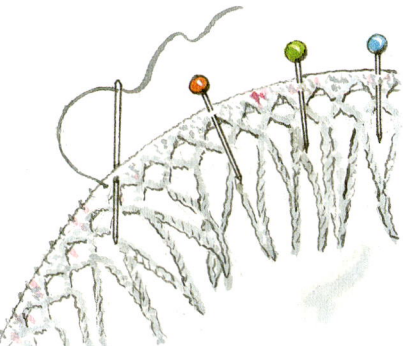

3 Épinglez la dentelle sur l'envers du tissu et cousez-la en faisant de minuscules points serrés.

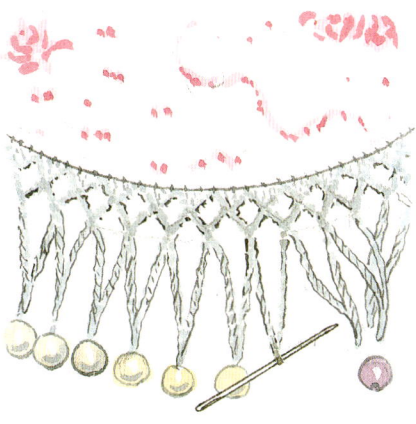

4 Cousez les perles ou les boutons aux extrémités de la dentelle en les espaçant de façon régulière.

boîtes
de rangement

Ces boîtes recouvertes de tissu sont le meilleur moyen de ranger vos papiers ou votre matériel de bureau, et de cacher tout ce qui encombre. Bien disposées sur des étagères, elles apportent une touche d'élégance à celles-ci.

Le tissu est plus facile à utiliser que le papier, car il est plus malléable et s'insère mieux dans les coins. Il doit être assez épais pour dissimuler la boîte d'origine, mais pas trop pour que le résultat soit harmonieux.

POUR UN INTÉRIEUR DE CHARME

MATÉRIEL

Une boîte solide avec un couvercle
Du tissu imprimé pour l'extérieur et l'intérieur
40 cm de ruban de 6 mm de large
De la colle à tissu
Du papier à motifs (facultatif)

1 Posez votre boîte sur le tissu pour évaluer la quantité dont vous aurez besoin. Découpez deux morceaux de tissu, l'un pour couvrir l'extérieur, l'autre pour l'intérieur, en ajoutant un débord d'1 cm sur tous les côtés.

2 Pliez les ourlets et appuyez pour marquer les plis. Dépliez. Pliez les coins à 45° et marquez les plis. Dépliez. Coupez les coins en diagonale à l'endroit où les marques se rejoignent.

Appliquez la colle sur la partie extérieure de la boîte. Fixez-y soigneusement le tissu en lissant pour enlever l'air entre le tissu et la boîte. Répétez cette opération pour l'intérieur de la boîte.

3 Prenez 20 cm de ruban et pliez-le en deux. Collez-le solidement sur le bord du couvercle. Mettez un point de colle sur le ruban à l'extérieur et rabattez le tissu intérieur pour cacher le ruban collé.

4 Prenez un autre ruban de 20 cm et collez-le en dessous de la boîte. Pour l'intérieur de la boîte, vous pouvez utiliser du papier imprimé à la place du tissu.

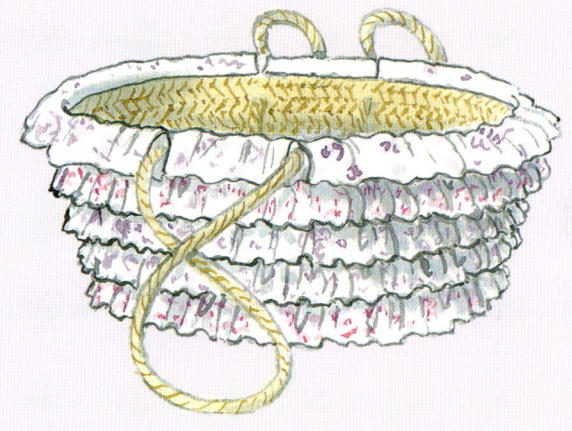

panier à volants

Quelques bandes de coton transformeront ce panier ordinaire en un accessoire délicat, féminin et pratique.
Pour ce projet, vous aurez besoin d'un panier tressé de façon assez lâche. Sinon, il sera difficile de faire passer votre aiguille sans l'abîmer. Vous pouvez utiliser le même tissu pour tous les volants ou faire varier les couleurs et les motifs.

POUR UN INTÉRIEUR DE CHARME

MATÉRIEL

Un panier en paille tressée
De longues bandes de coton imprimé
Une aiguille et du fil

1 Déchirez de longues bandes de tissu d'environ 5 cm de large.

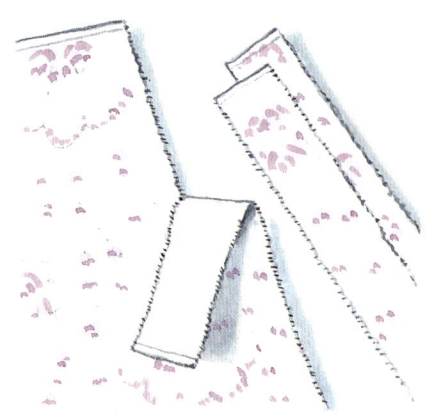

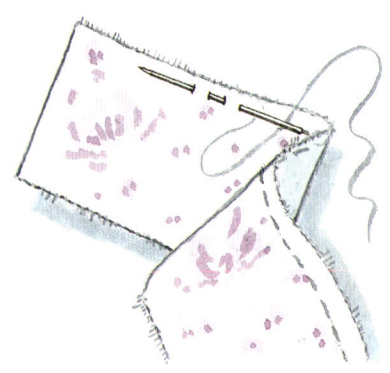

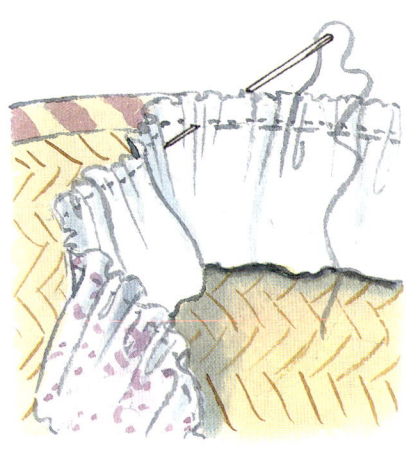

2 Faites une rangée de points droits sur une des longueurs de chaque bande et tirez doucement le fil pour froncer légèrement le tissu.

3 Commencez par le bas du panier. Pliez le haut de chaque bande et cousez-la sur l'extérieur du panier en passant l'aiguille à travers les trous du tressage du panier.

4 Quand vous atteignez le haut du panier, cousez la dernière bande à l'envers sur l'intérieur du panier, puis retournez-la et faites-la repasser sur la partie extérieure afin d'obtenir une bordure soignée.

cartes de vœux

Il est toujours agréable de recevoir une carte faite à la main et de savoir que quelqu'un a pris le temps et la peine de la faire spécialement pour vous. Ces cartes utilisent des formes simples que chacun peut dessiner, et ont un charme naïf très plaisant.

MATÉRIEL

Des chutes de tissu
Du papier cartonné
Du coton ou de la lavande
De la colle à tissu
Une aiguille et du fil

1 Coupez le papier cartonné à la taille désirée et pliez-le en deux.

2 Pour une image de bateau, coupez deux triangles pour les voiles, repliez le tissu sur l'envers et cousez-les ensemble. Coupez un morceau de tissu différent pour la coque et cousez-le avec les deux voiles.

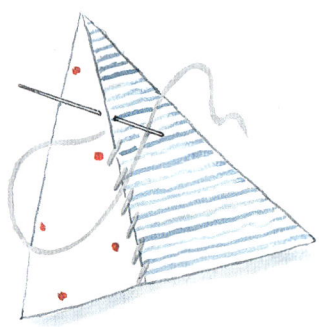

3 Collez votre motif sur la carte. Sur notre modèle, nous avons ajouté des points pour symboliser les vagues et la mer, mais, si vous préférez, vous pouvez également les dessiner ou les peindre.

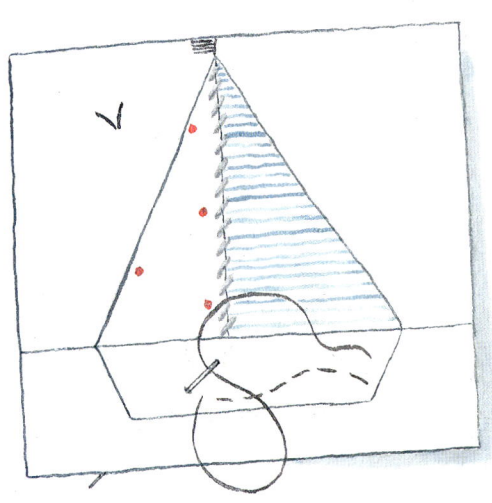

4 Pour une carte romantique, découpez deux cœurs dans du tissu imprimé. Cousez-les ensemble en laissant une petite ouverture et remplissez le cœur avec du coton ou de la lavande. Fermez l'ouverture. Collez ou attachez le cœur à la carte avec un petit ruban.

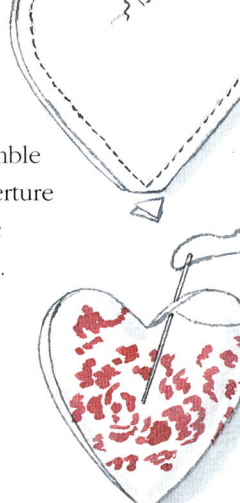

coussins douillets

Donnez une seconde vie à vos coussins en les recouvrant avec de jolis tissus. Le coussin en toile à matelas rayée est agrémenté de délicats boutons de nacre. Vous pouvez aussi choisir d'attacher les deux carrés de tissu avec de simples rubans.

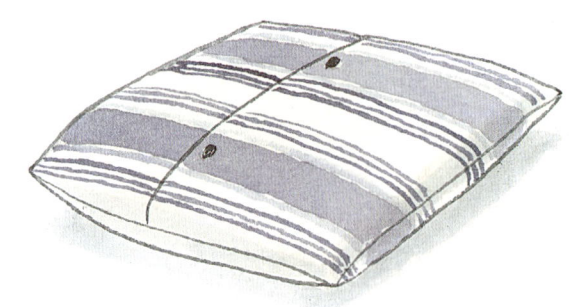

MATÉRIEL

Du tissu de la taille de votre coussin, plus un débord de 5 cm de chaque côté

Du tissu correspondant à la moitié de votre coussin, plus un débord de 5 cm de chaque côté

Du tissu correspondant aux 2/3 de votre coussin, plus un débord de 5 cm de chaque côté

2 ou 4 boutons ou 25 cm de ruban de 2,5 cm de large pour les attaches

Une machine à coudre

Une aiguille et du fil

Des épingles

Une craie de tailleur

1 Coupez vos pièces de tissu en fonction des mesures de votre coussin. Ourlez une des longueurs de chacune des deux plus petites pièces.

2 Sur l'envers de la plus petite pièce de tissu, tracez une ligne à 2,5 cm de l'ourlet avec la craie pour l'emplacement des boutonnières. Coupez des petites fentes le long de la ligne. Travaillez les bords en boutonnière ou au point de feston, en finissant avec quelques points droits.

3 Posez la pièce de tissu de taille moyenne sur une table et placez la plus petite pièce dessus, endroit face à vous, ourlets et boutonnières au centre, en la faisant chevaucher de 5 cm.

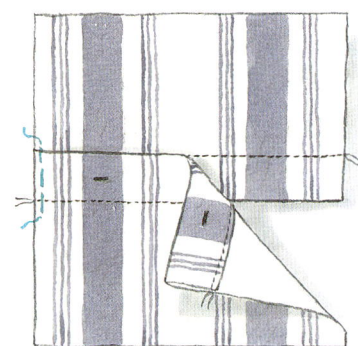

4 Posez la plus grande pièce sur les deux autres, endroit contre endroit. Cousez les trois pièces ensemble, à 1 cm du bord. Retournez la housse. Placez des épingles sur la pièce de tissu de taille moyenne, en prenant soin de les placer au centre de chaque boutonnière, puis cousez les boutons à chaque emplacement.

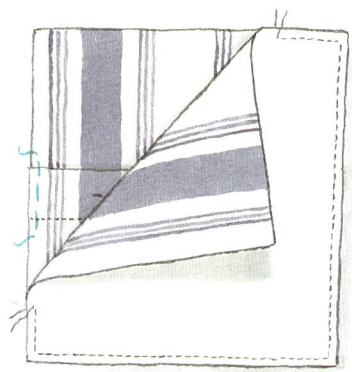

pense-bête

Ce tableau est une manière simple et originale de ranger les « petites choses » qui sont pourtant assez jolies pour être exposées, comme les cartes postales, les photographie ou encore les invitations qui peuvent vous sortir de l'esprit si elles ne sont pas en vue.

MATÉRIEL

Deux planches de 40 x 10 x 2 cm
Six pinces à linge en bois
De la peinture
De la colle à bois
Une perceuse et un foret de 6 mm
Un crayon

1 Peignez la planche dans la couleur de votre choix. Nous avons légèrement brossé la planche avec la peinture pour laisser apparaître les veines du bois, mais, si vous préférez une couleur plus uniforme, appliquez au moins deux couches de peinture. Laissez sécher.

2 Placez un morceau de bois sous votre planche pour protéger votre plan de travail et percez un trou de chaque côté de la planche, à 2,5 cm du bord.

3 Marquez légèrement la position des épingles avec le crayon, en les espaçant de façon régulière. Appliquez la colle sur un côté des pinces et fixez-les solidement sur le tableau.

POUR UN INTÉRIEUR DE CHARME

tapis pour « lui »

Les coussins pour chien sont souvent chers et peu esthétiques. En récupérant un ancien tapis ou une couverture usée, vous pouvez réaliser un tapis digne de votre animal de compagnie, et surtout de votre intérieur.

Matériel

Du coton imprimé de 90 x 75 cm

Un tapis ou une couverture de 90 x 75 cm pour l'intérieur

Une machine à coudre

Une aiguille et du fil

1. Placez le coton imprimé sur le tapis, endroit contre endroit, et épinglez les bords.

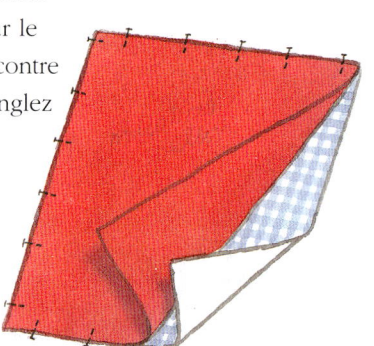

2. Cousez le tissu au tapis à environ 1 cm du bord, en laissant une ouverture de 10 cm sur l'un des côtés.

3. Retournez le coussin et fermez solidement l'ouverture.

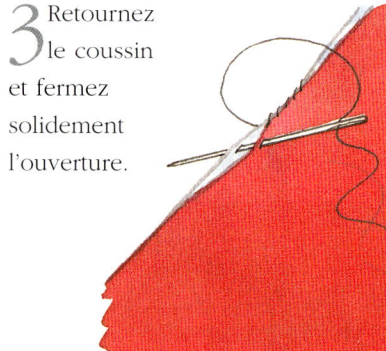

4. Si vous le souhaitez, vous pouvez coudre un quadrillage sur l'ensemble du coussin, en espaçant les lignes de 10 cm environ, pour empêcher les deux pièces de tissu de glisser.

POUR UN INTÉRIEUR DE CHARME

plateau pour « lui »

Une simple planche de bois, une chute de toile cirée, un peu de colle, et voilà un ingénieux plateau pour votre fidèle compagnon… Lui aussi a droit au raffinement.

MATÉRIEL

Une planche d'environ 35 x 30 x 2 cm

Une chute de toile cirée ou de toile enduite de 45 x 40 cm et une de 33 x 28 cm

De la colle en bombe

Des ciseaux

Un crayon

1 Posez la planche au centre du plus grand morceau de toile cirée, dessinez les contours. Appliquez la colle sur un côté de la planche et collez-la sur la toile cirée en lissant pour éviter les bulles d'air.

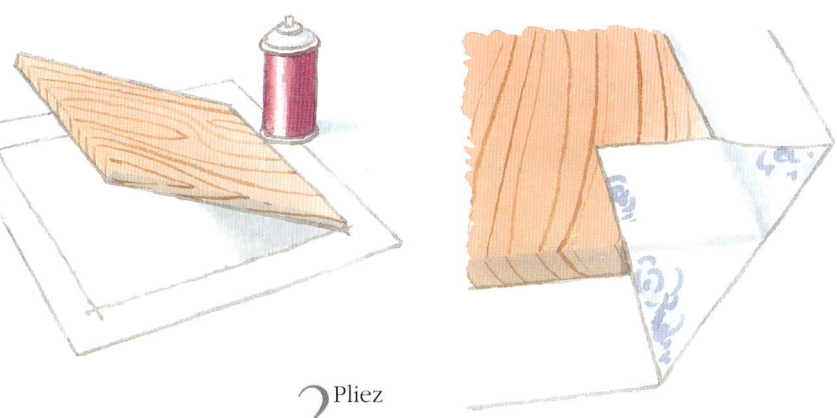

2 Pliez les bords de la toile cirée et collez-les à la planche, en commençant par les coins pour que la finition soit bien nette.

3 Appliquez la colle sur la deuxième partie de la planche et placez la deuxième pièce de toile cirée dessus en lissant. Faites sécher en posant un poids sur le tout.

POUR UN INTÉRIEUR DE CHARME

oreiller fleuri

Remplis de lavande ou d'autres herbes séchées au doux parfum, ces petits oreillers sont un somnifère céleste, éliminant le stress de la journée. Par leur taille, ils constituent un excellent moyen d'utiliser des chutes de tissu, et peuvent être embellis grâce à de jolis boutons ou à des rubans, que vous aurez récupérés.

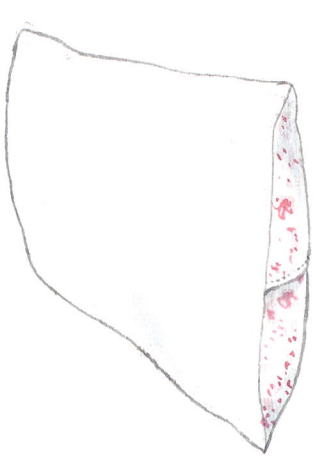

MATÉRIEL

Du coton de 25 x 15 cm et de 25 x 17,5 cm pour l'arrière du coussin
Un carré de coton de 25 cm de côté pour l'avant du coussin
Du tissu de doublure de 48 x 24 cm
Un sachet de lavande ou de pétales de roses séchés…
Du rembourrage synthétique
Des boutons ou du ruban pour les attaches
Une machine à coudre
Une aiguille et du fil
Des épingles

1 Pliez la pièce de tissu de doublure en deux dans le sens de la longueur, bord à bord, et cousez les côtés en prenant soin de laisser une ouverture de 10 cm sur l'un d'entre eux. Retournez la housse et remplissez-la avec le rembourrage, sans oublier de glisser le sachet contenant les herbes à l'intérieur, puis fermez l'ouverture.

2 Ourlez une des longueurs des deux pièces de tissu prévues pour l'arrière du coussin. Si vous souhaitez fermer votre coussin avec des boutons, faites des boutonnières sur la plus petite des deux pièces en suivant les indications page 38.

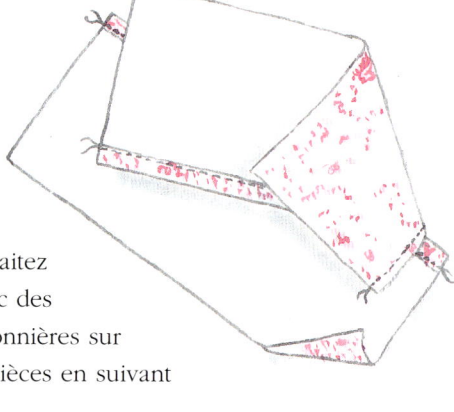

44

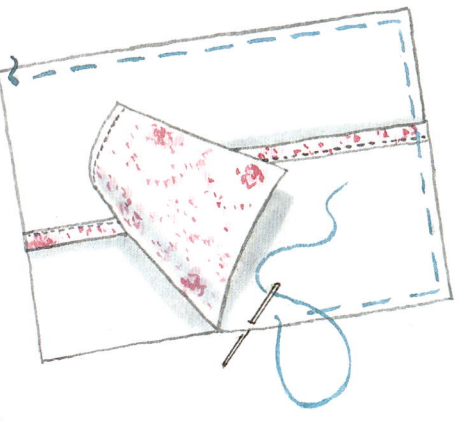

3 Posez les deux pièces arrière sur la pièce avant, endroit contre endroit, en prenant soin de placer les ourlets au centre et de placer la plus grande des deux pièces arrière sur la plus petite. Cousez les trois pièces ensemble à 1 cm du bord, et retournez la housse.

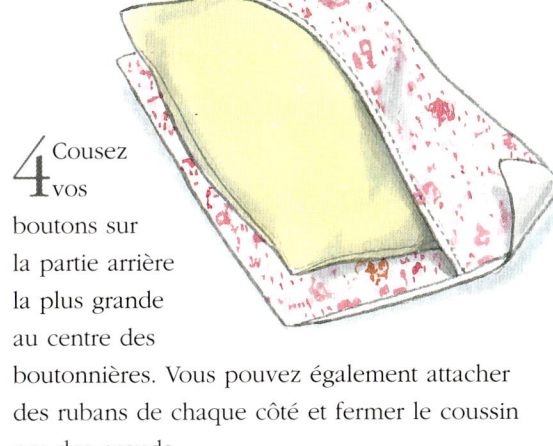

4 Cousez vos boutons sur la partie arrière la plus grande au centre des boutonnières. Vous pouvez également attacher des rubans de chaque côté et fermer le coussin par des nœuds.

POUR UN INTÉRIEUR DE CHARME

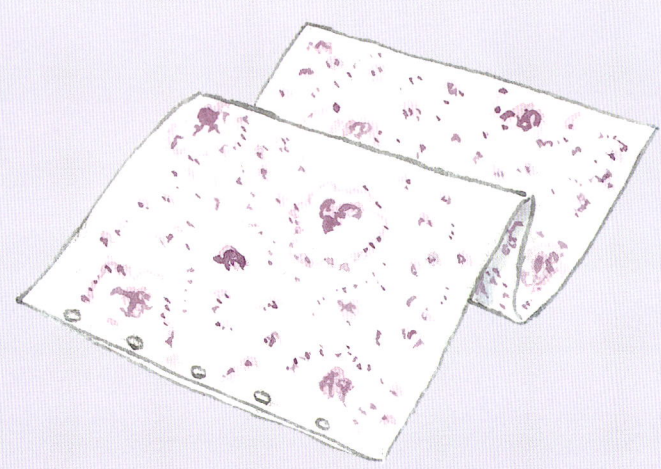

housse de couette

Que vous choisissiez un tissu assorti à vos rideaux et à d'autres éléments de décoration de votre intérieur, ou que vous vouliez jouer le contraste dans les couleurs ou dans les motifs, une housse de couette joue un rôle primordial dans l'harmonie de votre chambre.

MATÉRIEL

Du coton imprimé ou uni
Des boutons, au moins 6 pour une housse de lit pour une personne
Une machine à coudre
Une aiguille et du fil
Des épingles

1 Coupez deux pièces de tissu de la longueur et de la largeur de votre couette, en ajoutant 20 cm sur la longueur et 10 cm sur la largeur pour les coutures et les ourlets. Si vous devez utiliser plusieurs pièces de tissu pour arriver à la bonne largeur, faites en sorte d'avoir la plus grande partie au centre et de rajouter les largeurs manquantes sur les côtés. Vous éviterez ainsi d'avoir une couture en plein milieu de votre housse.

2 Endroit contre endroit, épinglez les deux pièces de tissu ensemble et cousez les deux longueurs et une largeur à 2 cm du bord. Coupez les coins en diagonales pour réduire l'épaisseur.

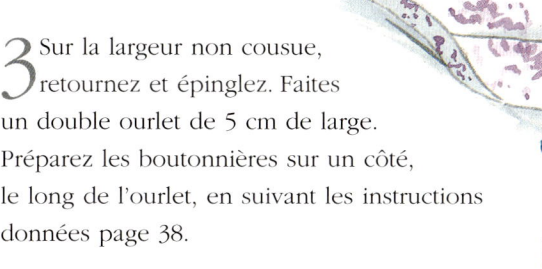

3 Sur la largeur non cousue, retournez et épinglez. Faites un double ourlet de 5 cm de large. Préparez les boutonnières sur un côté, le long de l'ourlet, en suivant les instructions données page 38.

4 Retournez la housse. Pour marquer la position des boutons, placez des épingles au centre de chaque boutonnière. Cousez ensuite les boutons sur l'ourlet, à l'intérieur de la housse.

POUR UN INTÉRIEUR DE CHARME

couverture en patch'

Cette couverture en patchwork est une adorable façon de réutiliser vos vieux jeans ou d'autres vêtements passés de mode ou usagés. Assurez-vous simplement que les tissus soient de la même qualité pour faciliter l'entretien.

Matériel

Plusieurs carrés ou rectangles de jean ou de coton pour le dessus de la couverture
Du coton uni pour le dessous
Une machine à coudre
Une aiguille et du fil
Des épingles

1 Placez toutes vos pièces de tissu sur une table et disposez-les jusqu'à obtenir un ensemble harmonieux. Rabattez les côtés des pièces de 5 mm et appuyez fortement de manière à marquer visiblement le pli.

2 Dépliez les bords et cousez les morceaux ensemble le long des lignes marquées par les plis. Une fois tous les morceaux assemblés, rabattez toutes les coutures dans le même sens et, si nécessaire, recoupez les bords pour aligner tous les morceaux.

3 Endroit contre endroit, cousez votre patchwork sur une pièce de coton de la même taille, en laissant une ouverture de 15 cm sur un des côtés. Retournez et fermez l'ouverture.

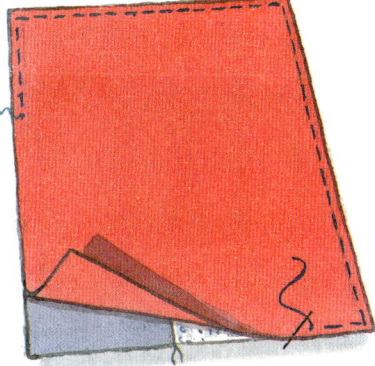

4 Si vous le souhaitez, vous pouvez coudre ensemble les deux pièces le long des lignes de couture du patchwork, afin d'empêcher le tissu de glisser.

POUR UN INTÉRIEUR DE CHARME

jupes fleuries

Réalisées dans un joli imprimé à fleurs, ces jupes en coton légères sont idéales pour affronter les chaudes journées d'été.

MATÉRIEL

Du coton imprimé de 270 x 100 cm

65 cm d'élastique de 2,5 cm de large

Une machine à coudre

Une aiguille et du fil

Deux épingles de sûreté

1 Pliez le tissu en deux, bord à bord et envers face à vous, et cousez le côté opposé à la pliure. Rabattez le tissu de chaque côté de la couture.

2 Préparez l'ourlet sur le bas de la jupe en retournant le tissu sur 1 cm puis sur 2,5 cm et cousez-le. Préparez ensuite l'ourlet sur le haut de la jupe en retournant le tissu sur 1 cm, puis sur 3,5 cm, et cousez-le en laissant une ouverture de 5 cm au niveau de la couture latérale pour faire passer l'élastique.

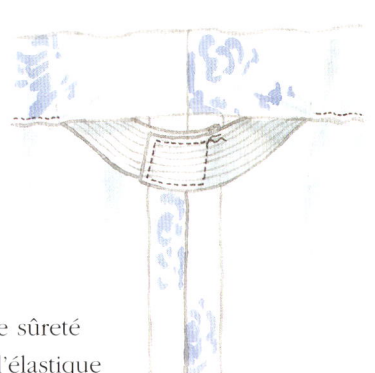

3 Attachez une épingle de sûreté à chaque extrémité de l'élastique et passez-le dans l'ourlet prévu à cet effet. Froncez le tissu pour obtenir la taille souhaitée, cousez l'élastique et coupez la partie en trop.

4 Retournez la jupe. Fermez l'ouverture de l'ourlet à la main, en prenant soin de rentrer l'élastique à l'intérieur.

sachets parfumés

Ces jolis petits coussins remplis de lavande ou de pot-pourri sont des petits sachets parfaits à glisser dans les armoires ou à suspendre dans les penderies. Si vous n'avez pas de fleurs séchées, remplissez votre sachet avec du rembourrage et parfumez-le avec des huiles essentielles.

Matériel

Chutes de tissu

15 cm de ruban

De la lavande ou un pot-pourri

Une machine à coudre

Une aiguille et du fil

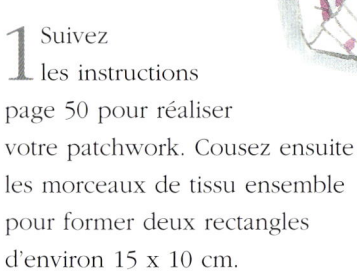

1 Suivez les instructions page 50 pour réaliser votre patchwork. Cousez ensuite les morceaux de tissu ensemble pour former deux rectangles d'environ 15 x 10 cm.

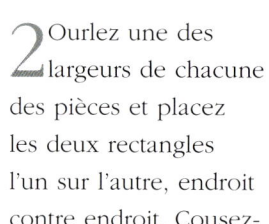
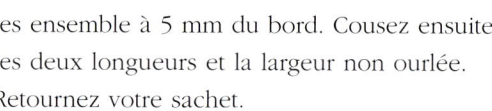

2 Ourlez une des largeurs de chacune des pièces et placez les deux rectangles l'un sur l'autre, endroit contre endroit. Cousez-les ensemble à 5 mm du bord. Cousez ensuite les deux longueurs et la largeur non ourlée. Retournez votre sachet.

3 Remplissez le sachet avec le contenu de votre choix.

4 Resserrez le haut de votre petit sac et attachez-le avec un ruban d'une couleur différente, pour jouer sur le contraste.

sac « à tout »

Parfaits pour ranger les petites choses et les petits riens, ces adorables sacs « à tout » vont en plus égayer votre buanderie ou votre salle de bains. Faciles et rapides à confectionner, vous pouvez en réaliser pour chaque membre de la famille, dans des tissus différents.

Matériel

Du coton d'environ 60 x 40 cm

Une bande de coton épais d'environ 40 x 5 cm

1 m de cordelière

Une machine à coudre

Une aiguille et du fil

Des épingles

Une épingle de sûreté

1 Placez les deux pièces de tissu l'une sur l'autre, endroit contre endroit, et cousez-les ensemble sur les deux longueurs et sur une des largeurs, à 5 mm du bord, en laissant 2,5 cm non cousus en haut de chaque longueur pour les ourlets.

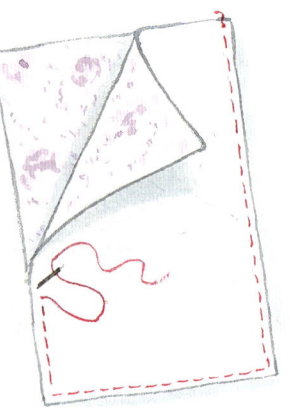

2 Faites un double ourlet de 2,5 cm sur le côté ouvert et cousez-le. Retournez le sac.

3 Repliez les longueurs et les largeurs de la bande de coton épais d'1 cm sur l'envers et appuyez pour marquer le pli. Faites un ourlet sur les deux largeurs. En commençant à 5 cm du haut du sac et à 1 cm d'une des coutures, épinglez cette bande autour du sac et cousez-la sur les longueurs sans coudre les extrémités.

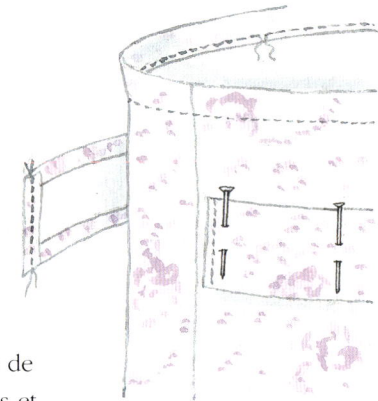

4 Attachez l'épingle de sûreté à l'une des extrémités de la cordelière et faites glisser celle-ci dans la bande de tissu. Nouez soigneusement les bouts.

POUR UN INTÉRIEUR DE CHARME

ourson écossais

Ce petit ours peut être réalisé dans n'importe quel type de tissu – coton, toile, lainage ou feutrine. Prenez ce que vous avez sous la main. Vous avez peut-être conservé des vêtements de vos enfants qui ne sont plus en assez bon état pour être transmis aux nouvelles générations? Les utiliser pour en faire un joli petit ourson est un bon moyen de réveiller d'heureux souvenirs.

MATÉRIEL

Deux carrés de tissu de 30 cm de côté
Des petits boutons ou du fil à broder d'une couleur différente
10 cm de ficelle
Du papier pour patron
Du rembourrage synthétique
Une machine à coudre
Une aiguille et du fil
Des épingles
Un crayon

1 Dessinez une forme d'ourson sur votre papier et découpez-la pour en faire un patron. Placez vos deux carrés de tissu l'un sur l'autre, épinglez votre patron sur le premier et découpez.

2 Cousez les petits boutons sur le ventre de l'ourson. Si vous le destinez à un tout petit enfant, remplacez les boutons par quelques points de broderie, faits avec un fil de couleur différente.

3 Envers contre envers, cousez les deux oursons ensemble à 5 mm des bords, en laissant une ouverture entre les oreilles. Remplissez l'ourson, en utilisant votre crayon pour enfoncer le rembourrage dans les jambes et dans les bras. Fermez l'ouverture.

4 Fixez un morceau de ficelle au haut de la tête pour suspendre l'ourson.

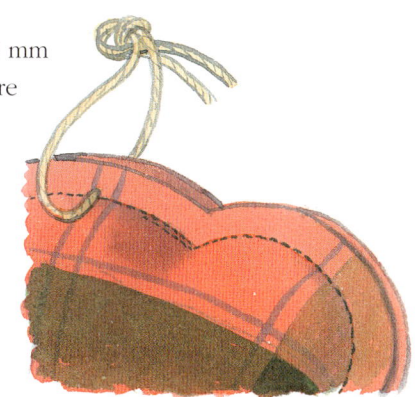

POUR UN INTÉRIEUR DE CHARME

jupe cocooning

La coupe simple de cette jupe est flatteuse et convient à toutes les femmes et même aux enfants. À la fois élégante et confortable, vous pouvez la réaliser en flanelle ou en tissu polaire pour paresser au chaud pendant les longues soirées d'hiver.

MATÉRIEL

De la flanelle rouge (voir l'étape n° 1 pour le métrage)

Une longueur d'élastique de 2,5 cm de large

Du fil à broder ou de la laine

Une machine à coudre

Une aiguille et du fil

Une épingle de sûreté

1 Choisissez la taille que vous voulez pour votre jupe et découpez deux pièces de tissu, en ajoutant 10 cm à la longueur voulue et en multipliant la largeur par 2,5. Cousez les bords en point zigzag pour éviter qu'ils ne s'effilochent. Repliez les largeurs d'1 cm sur l'envers et marquez le pli, puis cousez les deux parties ensemble sur les deux largeurs en suivant les lignes de pli.

2 Repliez le haut de la jupe sur 5 cm et cousez l'ourlet de façon à créer un passage pour l'élastique, en laissant des ouvertures de 2,5 cm de chaque côté d'une des coutures. Attachez l'épingle de sûreté à l'une des extrémités de l'élastique et faites-le passer dans l'ourlet prévu à cet effet jusqu'à ce qu'il ressorte. Froncez la jupe à votre convenance, cousez l'élastique puis coupez la partie en trop. Fermez l'ouverture restant dans l'ourlet.

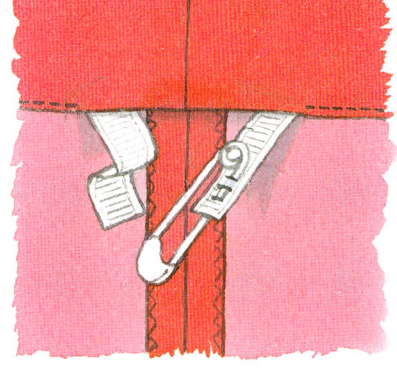

3 Faites un ourlet de 2,5 cm sur le bas de la jupe. Retournez-la. Brodez l'ourlet de la jupe avec le message ou le motif de votre choix. Le point lancé est le plus approprié pour les lettres : il est facile à faire et donne un charme naïf à la jupe.

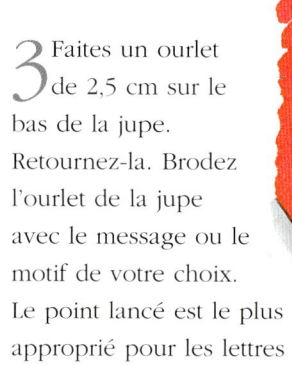

rideaux de cuisine

Grâce à ce frais mélange de bleu et de blanc, ces rideaux en vichy apportent une touche lumineuse à une cuisine. Il s'agit d'une simple variation des rideaux présentés page 18 : le tissu étant légèrement plus lourd, il est ici nécessaire d'utiliser une bande de tissu sur le revers pour maintenir les pattes. Ces rideaux à pattes ne sont pas réellement destinés à être tirés : une pièce de tissu de la largeur de la fenêtre, plus une petite marge, devrait donc être suffisante.

MATÉRIEL

Du tissu de la largeur de la fenêtre plus 15 cm, et de la hauteur désirée plus 10 cm pour le rideau

Une bande de tissu de 7,5 cm de large et aussi longue que la largeur de la fenêtre

6 bandes de tissu de 30 x 15 cm pour les pattes

Une machine à coudre

Une aiguille et du fil

Des épingles

1 Préparez un double ourlet de 2,5 cm de large sur les quatre côtés de la pièce de tissu.

2 Pour les pattes, pliez chaque bande de tissu en deux dans le sens de la longueur, bord à bord, et cousez la longueur. Retournez les bandes et pliez-les de façon à ce que la couture soit centrée sur un des côtés.

3 Cousez une des longueurs de la bande de revers au point zigzag. Alignez la bande sur le haut du rideau, endroit contre endroit, et épinglez-la. Pliez chaque patte en deux en plaçant la couture à l'intérieur. Épinglez deux pattes aux extrémités du rideau, puis épinglez les autres pattes entre le rideau et la bande de revers, en les espaçant d'environ 15 cm.

4 Cousez la bande de revers en suivant le haut du rideau. Pensez à coudre les bords des pattes à la bande de revers au fur et à mesure. Retournez le haut du rideau afin que la bande de revers soit bien sur l'envers du rideau et que les pattes soit bien orientées vers le haut, et appuyez pour marquer le pli.

roses en tissu

Ces charmantes roses en tissu peuvent servir à orner tout un tas de choses – chapeaux, sacs et paniers… Accrochées avec une simple épingle de sûreté, elles peuvent ainsi devenir une broche originale. Ne coupez pas le tissu : déchirés, ses bords ressembleront plus à de véritables pétales.

MATÉRIEL

Chutes de coton imprimé
Une aiguille et du fil

1 Déchirez le tissu en bandes d'environ 150 cm de long sur 5 cm de large.

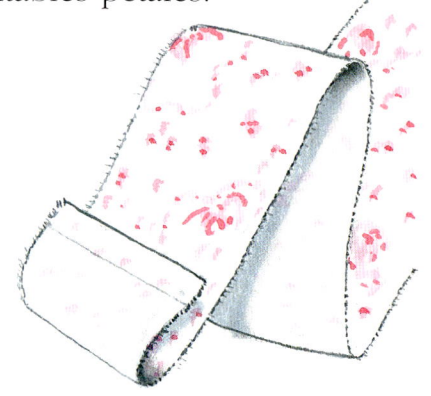

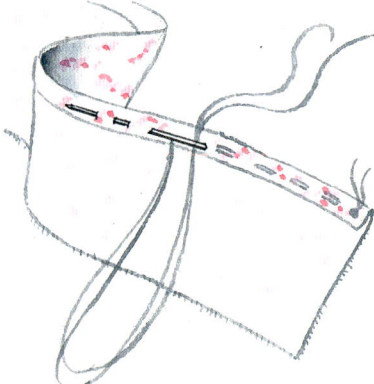

2 Enfilez une double longueur de fil dans l'aiguille et attachez les deux extrémités du fil ensemble. Retournez une longueur de chaque bande d'1 cm sur l'envers du tissu pour faire un ourlet sur toute la longueur.

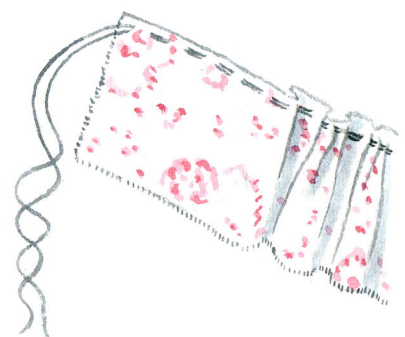

3 Tirez sur le fil doucement pour froncer le tissu de façon régulière.

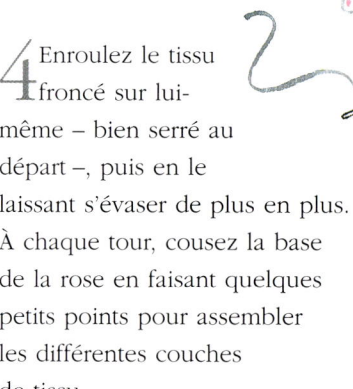

4 Enroulez le tissu froncé sur lui-même – bien serré au départ –, puis en le laissant s'évaser de plus en plus. À chaque tour, cousez la base de la rose en faisant quelques petits points pour assembler les différentes couches de tissu.

POUR UN JARDIN DE CHARME

Du tablier raffiné au carnet de jardin
en passant par des chaises longues fleuries
propices aux siestes, ce chapitre propose
des projets simples et charmants pour
embellir le jardin. À la fois simples et utiles,
ils sont confectionnés avec
beaucoup de récup', un peu d'astuces
et un brin de techniques.

tablier de jardinier

Réalisé en toile robuste, ce grand tablier dispose d'une grande poche compartimentée particulièrement adaptée pour ranger tous les petits outils du jardin. Il peut être aussi utile pour la cuisine…

MATÉRIEL

De la toile de 95 x 75 cm pour le tablier
De la toile de 25 x 75 cm pour la poche
3 m de ruban à sangle de 2,5 cm de large pour la finition
2 m de ruban à sangle de 2,5 cm de large pour les bretelles
Du papier pour patron
Une machine à coudre
Une aiguille et du fil
Des épingles
Un crayon

1 En prenant exemple sur le dessin de l'étape suivante, dessinez et coupez un patron en prenant les mesures suivantes : hauteur, 95 cm ; largeur en bas, 75 cm ; largeur en haut, 30 cm. Découpez la bande pour la poche.

2 Posez le patron sur le tissu et découpez le tablier et la poche. Ourlez le haut de la poche. Posez-la sur l'avant du tablier, retournez les côtés non ourlés de la poche vers l'intérieur et épinglez les deux pièces de tissu ensemble.

3 Cousez le ruban à sangle sur tout le tour du tablier afin d'éviter que le tissu ne s'effiloche. Cousez ensuite la poche, à intervalles réguliers, pour créer des compartiments. Coupez deux longueurs de ruban à sangle de 90 cm pour les bretelles. Épinglez-les sur le haut et sur les côtés du tablier, en les croisant dans le dos.

4 Cousez les bretelles au tablier, après avoir vérifié que leur longueur est suffisante. Faites attention à ne pas torsader le ruban.

carnet de charme

Un carnet est toujours pratique pour noter la vie de votre jardin, mais aussi pour classer photographies et souvenirs… Cette élégante couverture en toile est amovible pour faciliter l'entretien. En se remplissant, l'épaisseur de votre carnet aura tendance à augmenter, mais, grâce au ruban, vous pourrez conserver précieusement toutes vos notes.

MATÉRIEL

Un carnet avec une couverture cartonnée
De la toile enduite
Du ruban de 2 cm de large pour l'attache
Une machine à coudre
Une aiguille et du fil
Des épingles

1 Posez le carnet sur le tissu. Coupez le tissu en ajoutant 1 cm sur chaque côté pour les ourlets et 10 cm à gauche et à droite pour les rabats. Ouvrez le carnet à plat au centre du tissu et marquez l'emplacement des quatre coins.

2 Coupez une fente verticale d'1 cm de long au niveau de chaque point, repliez le tissu deux fois et faites l'ourlet. Faites également un double ourlet sur les côtés de la couverture.

3 Ourlez soigneusement tous les côtés du tissu, et coupez les angles (voir page 16). Placez le tissu comme indiqué sur le dessin, posez le carnet dessus, repliez les rabats et épinglez-les. Enlevez le carnet et cousez le haut et le bas des rabats.

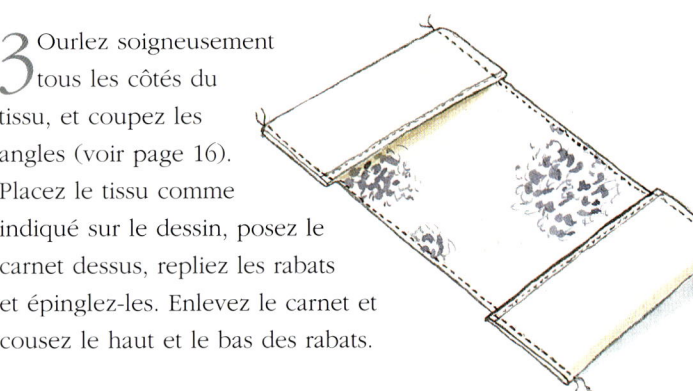

4 Retournez la couverture et glissez le carnet à l'intérieur. Coupez une longueur de ruban suffisante pour faire le tour, plus 30 cm environ. Pliez-le en deux pour marque le centre et cousez-le solidement.

serviettes champêtres

Les bords à franges sont de nouveau à la mode. Rien de plus simple à faire que ces serviettes, réalisées dans un tissu imprimé d'un motif couleur lavande, ne pourraient pas être plus simples à faire.
Vous pouvez utiliser la même finition pour une nappe.

Matériel

Un carré de 45 cm de côté de toile
Une machine à coudre
Une aiguille et du fil
Des épingles

1 Coupez le tissu.

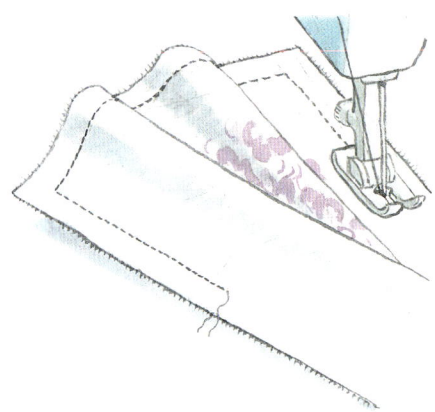

2 Faites une couture à 1 cm tout autour de votre pièce de tissu.

3 En utilisant le chas de l'aiguille, détissez prudemment les fils sur les bords de la serviette afin de faire apparaître les franges.

panier de pique-nique

Idéal pour les sorties pique-nique à la campagne ou les déjeuners raffinés à la plage, ce panier est robuste et très facile à entretenir, car il est réalisé en toile enduite. Vous pouvez aussi le confectionner dans une simple toile cirée que vous aurez récupérée lors de vos flâneries sur les brocantes.

Matériel

De la toile enduite ou de la toile cirée

Du ruban à sangles de 2,5 cm de large pour les attaches

Un panier en fil de fer ou en osier

Du papier pour patron

Une machine à coudre

Une aiguille et du fil

Des épingles

1 Mesurez la profondeur et la circonférence de votre panier et préparez un patron, en prenant soin d'ajouter 2,5 cm tout autour pour les coutures et les ourlets. De la même façon, faites un autre patron pour le fond. Posez vos patrons sur le tissu et découpez-les. Pour obtenir une pièce de tissu assez grande pour faire le tour du panier, vous devrez probablement coudre ensemble plusieurs morceaux ; pensez alors à ajouter quelques centimètres pour les coutures.

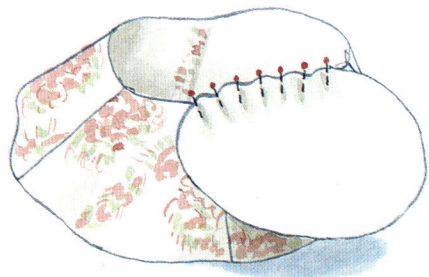

2 Cousez les pièces de tissu destinées aux côtés du panier en leur donnant une forme d'anneau. Épinglez ensuite la base à cet anneau, endroit contre endroit, et cousez à 5 mm du bord.

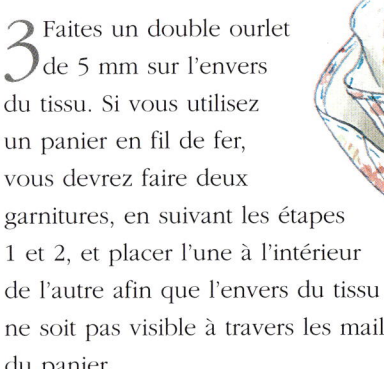

3 Faites un double ourlet de 5 mm sur l'envers du tissu. Si vous utilisez un panier en fil de fer, vous devrez faire deux garnitures, en suivant les étapes 1 et 2, et placer l'une à l'intérieur de l'autre afin que l'envers du tissu ne soit pas visible à travers les mailles du panier.

4 Coupez plusieurs morceaux de ruban à sangle d'environ 10 cm pour les attaches. Si vous avez une double épaisseur de tissu, épinglez les attaches entre les deux épaisseurs et cousez les deux parties ensemble. Si vous n'avez qu'une épaisseur de tissu, cousez proprement les attaches sur l'envers du tissu.

tente Robinson

Quel enfant n'a pas rêvé un jour d'avoir une cabane ou une tente au fond du jardin pour jouer les Robinson ? Confectionnée en toile solide imprimée de gros motifs floraux sur l'endroit comme sur l'envers, cette tente sera lestée à chaque coin de poches pour ne pas s'envoler à chaque coup de vent.

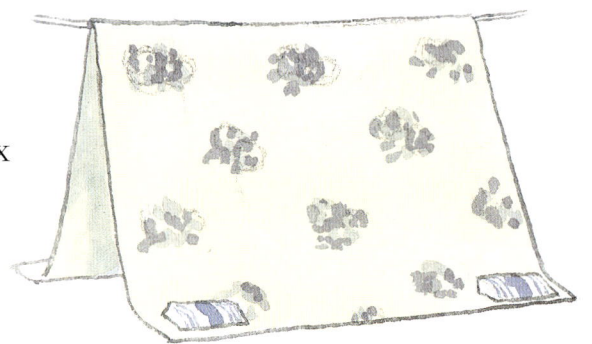

MATÉRIEL

De la toile solide de 2 x 4 m
Quatre pièces de toile de 30 x 25 cm pour les poches
4 briques ou parpaings
Une corde à linge
Une machine à coudre
Une aiguille et du fil

1 Repliez les quatre coins de la toile et ourlez chaque côté (voir page 16).

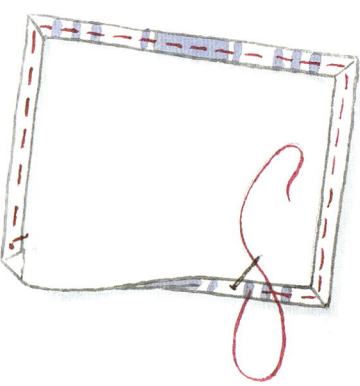

2 Pliez les coins des quatre pièces destinées aux poches et faites les ourlets.

3 Cousez une poche à chaque coin de la toile de tente afin de pouvoir y glisser une brique ou un parpaing.

4 Attachez la corde à linge entre deux arbres à environ 1,40 m du sol. Étendez la toile de tente dessus. Placez une brique ou un parpaing dans chacune des poches pour maintenir la tente.

chaises longues fleuries

Voici une façon simple de rajeunir de vieilles chaises longues et de leur donner une seconde vie. Assurez-vous au préalable que le cadre de vos transats peut être démonté et remonté sans problème : généralement, les barres sur lesquelles est attachée la toile sont amovibles, mais, si ce n'est pas le cas, découpez l'ancien tissu et utilisez une grosse agrafeuse pour attacher le nouveau.

MATÉRIEL

De la toile à transat
Une machine à coudre
Une aiguille et du fil solide

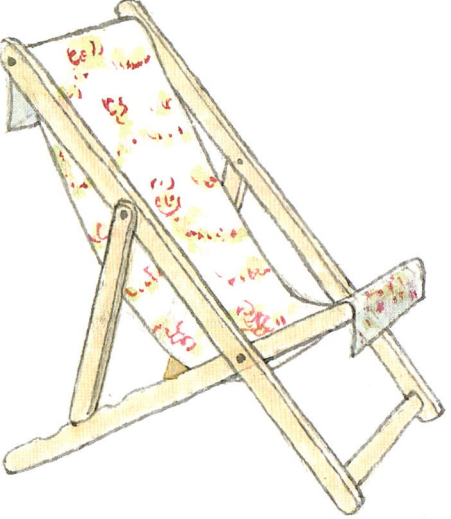

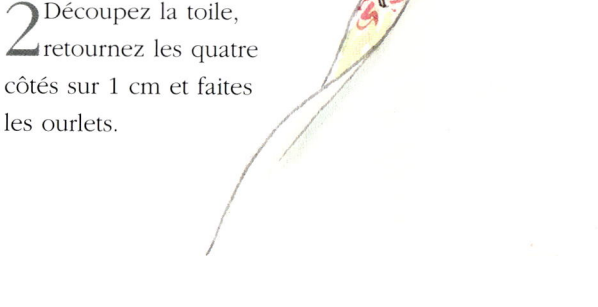

1 Mesurez la largeur et la longueur de la toile de transat et ajoutez 10 cm en haut et en bas.

2 Découpez la toile, retournez les quatre côtés sur 1 cm et faites les ourlets.

3 Mesurez les deux barres de bois auxquelles le tissu va être attaché et repliez le tissu en haut et en bas de façon à les recouvrir. Faites une double rangée de points, en prenant soin de coudre solidement le tissu ; n'oubliez pas que la couture doit supporter le poids d'un adulte.

4 Glissez les barres dans les fentes prévues à cet effet et remontez votre transat.

couverture maline

Cette couverture réversible est idéale pour les sorties. Vous pouvez bien sûr vous asseoir sur le côté en éponge pour rester au sec, mais vous pouvez également retourner le tapis et utiliser le côté imperméable comme nappe pour un pique-nique. Le tissu éponge peut être détaché et lavé, tandis que, pour la toile cirée, un simple coup d'éponge suffit. Vous pouvez également prévoir une poche pour ranger les clés, les coquillages ou les maillots de bain mouillés.

Matériel

Du tissu éponge de 135 cm de côté ainsi qu'un morceau de 20 cm de côté pour la poche

De la toile cirée ou de la toile enduite de 135 cm de côté

1 m de ruban Velcro de 2,5 cm de large

De la colle universelle

Une machine à coudre

Une aiguille et du fil

Des épingles

1. Étalez la toile cirée, envers face à vous, retournez les quatre côtés et faites les ourlets, soit en les cousant, soit en les collant.

2. Prenez la petite pièce de tissu éponge, ourlez un des côtés et retournez les trois autres. Épinglez la poche sur un des coins de la grande pièce de tissu, et cousez les trois côtés non ourlés.

3. Étalez la grande pièce de tissu éponge sur la toile cirée, endroit face à vous. Ourlez les bords.

4. Coupez et cousez des morceaux de Velcro de 5 cm sur l'envers du tissu éponge et cousez la partie opposée sur l'envers de la toile cirée. Alignez bien les 2 morceaux, et espacez-les régulièrement.

Carnet d'idées

Échantillons et croquis

Christina Strutt est une passionnée de décoration et de récup'. Styliste pour Vogue Magazine à ses débuts, elle est aujourd'hui folle de rose, tant de la couleur que de la fleur. Elle en décore et habille tout son environnement. C'est en s'inspirant d'un ancien dessin de roses aux couleurs passées, qu'elle a créé avec sa meilleure amie Brigitte, une collection de tissus et d'accessoires de décoration, Cabbages and Roses. Délicieusement anglaises et romantiques, ces créations sont disponibles dans sa boutique ou sur Internet.

Cabbages & Roses
3 Langton Street
London
SW10 0JL
www.cabbagesandroses.co.uk

Mais avant tout, faites comme elle, amusez-vous à chiner et à récupérer. Inspirez-vous de son univers pour créer le vôtre.

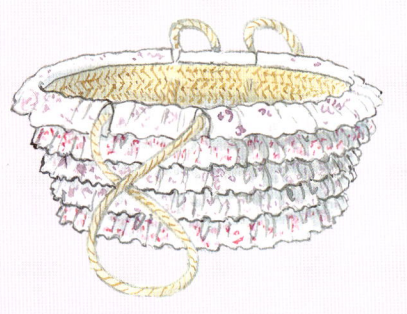

L'auteur souhaite remercier :

Brigette Buchanan, Tony et Sabrina Fry, Ali Sharland, Helen Blackman, Liz Thompson, Lena Proudlock, Kate Strutt, Max Linham, Georgina Harris, Cindy Richards, Sarah Hoggett, Kate Simunek, Edina van der Wyck, Matthew Tugwell et toute ma famille ainsi que tous ceux qui m'ont aidée et inspirée pour la réalisation de ce livre.